Le potentiel infini des femmes

Discours prononcé par
Sri Mata Amritanandamayi

lors de la rencontre annuelle du mouvement
"Initiative des femmes pour la paix mondiale"

« Donner leur place aux femmes
pour le bénéfice de tous. »

Jaipur, Rajasthan, Inde, le 7 mars 2008

M.A. Center, P.O. Box 613,
San Ramon, CA 94583, États-Unis

Le potentiel infini des femmes
Discours prononcé par
Sri Mata Amritanandamayi

Traduit par Swami Amritaswarupananda Puri

Publié par
M.A. Center
P.O. Box 613
San Ramon, CA 94583
États-Unis

—— *The Infinite Potential of Women (French)* ——

En France :
www.ammafrance.org

En Inde :
inform@amritapuri.org
www.amritapuri.org

Amma et Dena Merriam, la secrétaire d'Initiative des femmes pur la paix mondiale, pendant la prière au début de la rencontre.

La rencontre 2008 d' « Initiative des femmes pur la paix mondiale » a réuni plusieurs centaines de personnes qui ont échange leurs point de vue sur les transformations que les femmes pourraient accomplir dans le domaine de la religion, de la politique, de l'économie et dans la société en général. L'assemble éclectique était composée de responsables religieux et spirituels, de politiciennes, d'universitaires et d'enseignantes, de professionnelles de la santé, de personnes engagées dans l'action humanitaire.

Introduction

« Faire plus de place aux femmes pour le bénéfice de tous. » Tel était le thème de la réunion 2008 du mouvement "Initiative des femmes pour la paix mondiale". Plusieurs centaines de femmes échangèrent leurs points de vue sur ce thème appliqué aux domaines de la religion, de la politique, de l'économie et à la société en général. L'assemblée éclectique était composée de responsables religieux et spirituels, de politiciennes, d'universitaires et d'enseignantes, de professionnelles de santé, de personnes engagées dans l'action humanitaire ainsi que d'une vingtaine de jeunes femmes venues de pays en guerre.

La rencontre eut lieu à Jaipur, capitale du Rajasthan (nord de l'Inde) dans les jardins de l'hôtel Clarks Amer, du 6 au 10 mars et coïncidait avec la venue d'Amma pour son darshan annuel dans la « Cité rose ». Le 7 mars 2008, Amma prononça un discours émouvant et passionnant sur « le potentiel infini des femmes » en soulignant l'oppression subie par les femmes dans divers secteurs de la société.

Sur bien des points, son discours était le prolongement de l'allocution décisive qu'elle avait donnée aux Nations Unies à Genève lors du premier sommet d' "Initiative des femmes pour la paix mondiale" en 2002 et qui s'intitulait : « L'éveil de l'amour maternel universel. »

En 2002, Amma avait mis l'accent sur l'immense pouvoir que représentait l'énergie féminine et affirmé qu'il était impératif, dans l'intérêt du monde entier, que les femmes rejoignent les hommes aux postes clé de la société. Dans ce but, Amma avait demandé aux femmes de croire en elles-mêmes et aux hommes de ne plus entraver la progression des femmes mais d'y contribuer. Ce qui faisait l'originalité du point de vue d'Amma, c'était son insistance à dissuader les femmes de devenir des imitations d'hommes et à les encourager, au contraire, à utiliser et à développer leurs compétences maternelles innées. Pour Amma, la fibre féminine est faite d'amour maternel, de compassion, de patience, de désintéressement, et les femmes ne doivent renoncer à ces qualités sous aucun prétexte. Sinon, avait-elle dit, cela ne ferait qu'aggraver le déséquilibre déjà existant dans le monde. « Pendant les années à venir, il faut réveiller le pouvoir de guérison de l'amour maternel. C'est la seule façon de voir se réaliser notre rêve de paix et d'harmonie universelle. »

En 2008 à Jaipur, Amma déplora encore la dégradation de l'amour et du respect mutuel entre les hommes et les femmes et les pressa d'y remédier pour restaurer la paix et l'harmonie dans le monde. « Les femmes et les hommes doivent unir leurs efforts pour sauver du désastre la société actuelle et les générations à venir. La situation actuelle, au contraire, ressemble à l'affrontement de deux camions lourdement chargés qui foncent l'un vers l'autre, sans qu'aucun des deux soit prêt à se ranger sur le bas-côté pour céder la place à l'autre. »

En outre, dit-elle, « S'ils veulent assister à l'éclosion d'un avenir beau et enrichissant, les femmes et les hommes doivent avancer main dans la main dans tous les domaines. Que ceux qui aspirent à la paix et à la satisfaction de tous dans le monde prennent cela en compte, tout de suite, dès maintenant. Notre avenir sera prometteur s'il y a communion du mental et de l'intellect des hommes et des femmes. On ne peut plus attendre. Plus on attend, plus la situation mondiale s'aggrave. »

Amma détailla également différentes situations d'oppression et d'exploitation des femmes. Elle aborda particulièrement les problèmes de la prostitution, du viol, de la pornographie sur internet, de la dot, du divorce et des infanticides de filles.

Amma reprit aussi des thèmes qu'elle avait abordés en 2002 et insista sur leur importance : Les femmes doivent construire leur vie sur la base des qualités maternelles. Elles doivent chercher à être l'égale de l'homme, non pas extérieurement, mais intérieurement. « Tout chose a sa nature propre… expliqua Amma…Il est dans la nature du soleil d'émettre de la lumière, dans celle de l'océan de faire des vagues, dans celle du vent de rafraîchir. Il est dans la nature du daim d'être placide et dans celle du lion d'être cruel. Il en va de même pour l'homme et la femme ; ils ont chacun leur nature propre et différente de celle de l'autre. Il ne faut jamais perdre de vue cette notion. »

Pour terminer, Amma s'adressa directement aux femmes : « La femme peut d'ores et déjà jouer un rôle brillant dans la société. Elle a tout ce qu'il faut pour cela, elle n'a pas de défaut, rien ne lui manque dans aucun domaine. Quand les hommes cherchent à dénigrer les femmes, elles ne doivent pas s'effondrer ni jamais croire qu'elles sont inférieures aux hommes. Ce sont les femmes qui ont enfanté chacun des hommes de la planète. Soyez fières de cette chance qui est la vôtre et avancez dans la vie en faisant confiance à votre énergie intérieure. Ne vous prenez jamais pour de frêles petites brebis, soyez des lionnes. »

Après ce discours, à la demande des organisatrices, Amma rencontra un groupe d'une trentaine de « jeunes responsables » de différents pays du monde entier. Beaucoup de ces femmes venaient de pays actuellement engagés dans des conflits ou des guerres, comme l'Afghanistan, l'Irak, l'Iran, le Pakistan, l'Inde, le Tibet, le Sri Lanka, le Népal, le Cambodge, le Laos, Taiwan, l'Afrique du sud, le Nigeria, le Mexique, Israël et la Palestine.

La présidente d'Initiative, la révérende Joan Brown Campbell, ancienne directrice de la section américaine du Concile mondial des Eglises, exprima alors la requête suivante à Amma : « Nous rêvons de créer, à l'issue de ces rencontres, un concile international des femmes responsables de mouvements spirituels. Avec l'espoir d'en faire un lieu d'accueil pour les personnes qui veulent entendre des paroles de femmes, des paroles de sagesse. Et vous êtes celle qui peut le mieux nous donner cette sagesse. Amma, acceptez-vous de prendre une responsabilité dans ce concile ? Ce serait un honneur pour nous de vous avoir à nos côtés. » Avec l'humilité la plus totale, Amma accepta et dit qu'elle ferait tout ce qu'elle pourrait.

Ensuite, Joan Brown et Dena Meeriam, respectivement fondatrice et secrétaire du mouvement,

Pendant le sommet, Amma rencontra une trentaine de jeunes responsables de différents pays. Beaucoup d'entre eux venaient de nations où sévissent des conflits armés, comme l'Afghanistan, l'Irak, l'Iran, le Pakistan, l'Inde, le Sri Lanka, le Tibet, le Népal, le Cambodge, le Laos, Taïwan, l'Afrique du sud, le Nigeria, le Mexique, Israël et la Palestine.

ont présenté des jeunes participantes à Amma. Amma a regardé intensément chacune d'elle. Elle a admiré la précocité de leurs aspirations spirituelles et de leur désir d'œuvrer pour la paix. « Être éveillées à la spiritualité et avoir une telle conscience spirituelle à un si jeune âge est admirable. Cela mérite des félicitations. »

Amma a émis l'idée qu'Initiative permette à ces jeunes femmes de participer au concile nouvellement créé. « Si elles pouvaient tenir les rênes, cela aiderait toutes les nations. » « Toutes ensembles, elles feront un magnifique arc-en-ciel. »

En mettant l'accent sur le fait qu'il est plus important d'agir que de discourir, Amma fit l'éloge des vertus de la jeunesse. « Les jeunes ont beaucoup d'énergie, ils sont prêts à retrousser leurs manches pour foncer et passer à l'action. » Avec un sourire, elle ajouta : « Il suffit que vous guidiez ces jeunes femmes, que vous les fassiez profiter de votre expérience et elles peuvent prendre la direction des opérations. Il faut aussi les soutenir émotionnellement et intellectuellement et leur donner les instructions nécessaires au bon moment. Dans ces régions où sévissent des conflits, les gens aspirent particulièrement à être guidés. Des rencontres physiques ne suffisent pas, il faut une rencontre des cœurs. Il faut agir. C'est cela qui est nécessaire. »

Puis Amma conseilla aux jeunes femmes et aux responsables d'Initiative de ne jamais oublier que, s'il n'est pas accompagné de grâce divine, l'effort humain est à lui seul insuffisant pour réaliser des projets. « Soyez humbles, recommanda Amma. Ayez l'humilité d'un débutant mais conservez cette humilité jusqu'à la fin, comme un enfant porté par une immense confiance et doué d'une grande patience. C'est la meilleure des voies. C'est l'attitude qu'il convient d'avoir face à l'existence et aux situations qu'elle nous fait vivre. Cela nous permet d'apprendre sans arrêt. Notre corps a grandi en taille, mais pas notre mental. Pour qu'il se développe et atteigne la dimension de l'univers, nous devons redevenir des enfants. »

« Allez de l'avant. Retournez dans vos régions respectives, mettez-vous à l'écoute de la souffrance des gens et travaillez dur. Il y a beaucoup à apprendre. Faisons ce que nous pouvons. Que Dieu nous bénisse ! »

Cette conception du rôle des femmes dans divers secteurs de la société, incluant la politique et l'administration publique, traduit la vision universelle d'Amma, vision née de sa réalisation de l'unité et de la paix intérieures. Selon Amma, donner des responsabilités aux femmes n'est ni un rejet des hommes ni un règlement de comptes. Au contraire, ce point de vue inclut le pardon, la compréhension mutuelle et l'amour. Et pour que nos actions fassent progresser l'humanité, autant spirituellement que matériellement, elles doivent reposer sur cette ouverture.

Swami Amritaswarupananda Puri
Vice-président
Mata Amritanandamayi Math

Le potentiel infini des femmes

Discours prononcé par
Sri Mata Amritanandamayi Dévi

Jaipur, Rajasthan, Inde, le 7 mars 2008

Accorder aux femmes la même place et le même respect qu'aux hommes dans tous les domaines de la société. C'est un thème qui soulève des discussions passionnées partout dans le monde. Ce signe de changement est bienvenu car en l'absence de ce genre de dialogue, les femmes ont trop longtemps souffert en silence. Tout au long de l'histoire, elles ont été exploitées et persécutées à tous les niveaux : physique, émotionnel et intellectuel. Même dans les pays dits progressistes et développés, les femmes sont toujours victimes de discrimination dans certains domaines, toutefois à un degré moindre qu'avant. Les temps ont changé, obligeant les hommes à protéger les femmes physiquement, mais aujourd'hui encore, ils hésitent à les libérer et à abolir les inégalités et les pressions qu'elles subissent dans leur travail, leur foyer et la société. Tant qu'ils persisteront dans cette attitude, les relations entre hommes et femmes en demeureront assombries, une ombre planera sur la société. Sans respect mutuel ni reconnaissance affectueuse de la valeur de l'autre, hommes et femmes mèneront des vies parallèles comme les berges d'une rivière qu'aucun pont ne relie. Pour que l'homme communique avec la femme et vice versa, chacun d'eux doit développer les qualités suivantes : compréhension, maturité psychologique et discernement intellectuel. En l'absence de ces compétences, la discordance, la disharmonie et le stress seront les caractéristiques de la société. C'est dans les esprits que doit naître l'égalité. Actuellement, c'est l'inégalité qui y règne. Tant qu'il en sera ainsi, le progrès et le développement social resteront inachevés, comme une fleur à demi-éclose. Maintenir les femmes à l'écart de la vie financière et politique revient à priver la nation d'une moitié de sa force et de son intelligence. Il faut que les hommes prennent conscience que la société et les individus progresseraient énormément dans ces domaines s'ils invitaient sincèrement les femmes à collaborer. Les forums de discussions, les comités d'experts, les campagnes d'informations sont certes des éléments nécessaires à la résolution du problème. Cependant, ce n'est pas par le raisonnement intellectuel seul qu'on arrivera à redresser la situation. Il faut découvrir les causes manifestes et subtiles du problème pour le résoudre.

Les femmes affirment qu'elles n'obtiennent ni la situation, ni la considération, ni la liberté qu'elles méritent, que ce soit dans leur foyer, dans leur travail, ou dans la vie sociale. Selon elles, non seulement on ne les respecte pas, mais en plus, on les méprise. C'est une vérité que les hommes n'aiment pas entendre. Ils ont l'impression que les femmes n'ont que trop de liberté, ce qui les rend arrogantes et leur fait négliger maison et enfants. Avant de démêler le vrai du faux, efforçons-nous de comprendre comment nous en sommes arrivés là et de remonter à la racine du problème. Si nous y parvenons, il nous sera plus facile de rectifier nos idées fausses.

Dans le passé, la plupart des hommes disaient avec condescendance : « les femmes sont inférieures aux hommes, elles n'ont pas besoin de liberté ni d'égalité. » Le point de vue des femmes est cependant totalement différent. « Il y a long-temps que les hommes nous dominent et nous exploitent. Cela suffit ! A notre tour de leur donner une leçon. C'est la seule chose à faire ! »

Ces deux discours sont également chargés d'inimitié et de ressentiment. Aujourd'hui, ces pensées destructives ont pris possession du mental des hommes et des femmes, elles gonflent leur ego et perpétuent le conflit. Pour s'en libérer, il faut changer d'état d'esprit, renoncer à savoir « qui est le meilleur. »

A la fin d'un mariage, deux époux apposent leur signature sur le registre. Le mari signe le premier, suivi par sa femme. Dès qu'elle a signé, le mari s'écrie : « C'en est trop, je veux divorcer tout de suite ! »

Le maire et les personnes présentes sont stu-péfaites : « Comment ? dit le maire, Vous venez juste de vous marier et vous voulez déjà divorcer, mais pourquoi donc ? »

Le nouvel époux de répondre : « Vous me demandez pourquoi ! Mais regardez donc le registre ! Voici ma signature et voici la sienne. Regardez la taille de sa signature. Elle prend toute la page. Avez-vous déjà vu quelqu'un signer ainsi ?

Je comprends ce que cela veut dire, je ne suis pas fou. Elle veut prendre toute la place et que je me fasse tout petit. Voilà ce qu'elle veut ! Eh bien, pas question que je me laisse diminuer ! »

Voici ce qui se passe aujourd'hui. Quand un homme et une femme unissent leur vie, tout est faussé dès le départ.

Les femmes remettent en question l'ordre établi, ses règles et ses préceptes, et commencent à se réveiller et à avancer. Mais, en raison du poids de l'habitude et des traditions, les hommes veulent les en empêcher.

« En fait, elles sont libres ! » disent-ils. Mais de quelle liberté s'agit-il ?

Un homme donna un jour une pierre précieuse à l'un de ses amis. Dès qu'il le quitta, il se mit à se lamenter : « Quel dommage de lui avoir donné cette pierre ! Je n'aurais jamais dû faire cela ! » Il continua de se désoler et de ruminer son geste quelque temps, puis il se mit à réfléchir aux moyens de récupérer la pierre.

C'est avec cet état d'esprit que les hommes ont accordé la liberté aux femmes. En vérité, les hommes ne peuvent pas accorder la liberté aux femmes parce qu'il s'agit d'un droit inné, et ils n'ont fait que s'en emparer.

Autrefois, les hommes avaient le loisir et la liberté de faire tout ce qu'ils voulaient dans la mesure où ils étaient les seuls à travailler. Du fait qu'ils contrôlaient les finances et les autres choses importantes de la maison, ils usaient de leur autorité pour emprisonner les femmes. Ils mettaient la clé dans leur poche et allaient vaquer à leurs affaires. Mais maintenant la situation est différente. Même quand les femmes sont enfermées, elles ouvrent les portes de l'intérieur et s'échappent. Car aujourd'hui les femmes font des études, elles ont un métier et sont capables de se débrouiller toutes seules. Les temps ont changé et les hommes doivent s'en rendre compte.

Autrefois, les femmes étaient maintenues en cage, une cage constituée de toutes les règles sociales. Elles devaient observer les préceptes qui se transmettaient de génération en génération et vivre dans l'obéissance. « Il faut respecter les hommes. Fais ce que l'on te dit. Ne pose pas de question. » Voici quelques-unes des injonctions auxquelles elles devaient se soumettre. L'oppression qu'elles subissaient les empêchait d'exprimer leurs talents. Une plante qui pousse dans un pot, comme un bonsaï, ne porte pas de fleurs ni de fruits. N'est-elle pas purement décorative ? C'était jadis le cas de la femme : elle était considérée comme un objet de plaisir pour l'homme. Elle était la *tampura* (instrument à cordes qui répète la même note pour soutenir la justesse du son d'un chanteur, ndt) qui ne servait qu'à accompagner le chant de l'homme.

Un journaliste, qui visitait un pays étranger pour rédiger un article, aperçut un groupe de gens qui marchait dans une rue. Les hommes étaient devant et les femmes suivaient derrière, portant les enfants dans les bras et les bagages sur le dos. Partout où il allait, il voyait la même scène. Il se dit : « C'est terrible. Les hommes d'ici sont-ils donc tous arriérés ? »

Quelques mois plus tard, une guerre éclata dans ce même pays et notre reporter revint enquêter sur les suites de la guerre. Cette fois-ci, il remarqua un comportement exactement opposé au précédent. Les femmes marchaient en tête et les hommes chargés des enfants et des bagages suivaient derrière. Le journaliste s'en réjouit : « La guerre a provoqué un changement étonnant ! » Il interrogea une femme sur ce changement d'attitude et juste à ce moment, il entendit un bruit d'explosion. Une femme avait posé le pied sur une mine anti-personnelle et avait été tuée sur le coup. La femme qu'il interviewait lui dit alors : « Vous voyez en quoi consiste le changement ! Les hommes ont simplement trouvé un moyen de se protéger. »

Il ne s'agit que d'un exemple. Puisse cette fiction ne jamais devenir réalité ! Chacun ne pense qu'à sa sécurité personnelle. Les hommes doivent être heureux, mais pas au détriment du bonheur des femmes.

Dans certains pays, les hommes croyaient que les femmes n'avaient pas d'âme. Si un homme tuait sa femme, il n'était pas puni. Après tout, pourquoi considérer comme un crime le fait de tuer un être dépourvu d'âme ?

« Les femmes sont faibles. Elles ont besoin de la protection des hommes. » Cette idée a prévalu pendant des générations. La société a attribué un rôle de protecteur à l'homme. Mais celui-ci s'est servi de ce rôle pour exploiter la femme. En réalité, l'homme ne devrait se positionner ni en protecteur ni en bourreau de la femme. Il devrait coexister avec elle, être large d'esprit et prêt à lui laisser une place à l'avant-garde de la société.

La femme n'est pas faible et ne doit jamais être considérée comme telle. Ce sont sa compassion naturelle et sa gentillesse qui, souvent, ont été interprétées à tort comme de la faiblesse. Si une femme puise dans son énergie intérieure, elle peut devenir plus masculine qu'un homme[1]. La société masculine devrait l'aider sincèrement à prendre conscience de sa force potentielle. Si nous nous alignons sur notre force intérieure, ce monde peut devenir un paradis. La guerre, les conflits et le terrorisme peuvent disparaître. Et, cela va sans dire, l'amour et la compassion deviendront partie intégrante de la vie.

Amma a entendu parler d'un événement qui s'est passé au cours d'une guerre qui avait sévi en Afrique. Un nombre incalculable d'hommes étaient morts au combat. Les femmes qui formaient désormais 70% de la population n'ont pas cédé au découragement du deuil. Elles ont uni leurs efforts pour démarrer de petites entreprises individuelles

---

[1] En Inde, les vertus masculines comprennent le courage, le discernement, le détachement et les vertus féminines la compassion, l'amour, la patience

et collectives. Elles ont élevé les orphelins avec leurs propres enfants. En peu de temps, ces femmes ont acquis une force remarquable et leur situation s'est radicalement améliorée. Cela prouve que, si elles le décident, les femmes peuvent rebondir après une catastrophe et représenter une force avec laquelle il faut compter.

De ce genre d'épisodes, on peut tirer la conclusion suivante : « Si c'était une femme qui gouvernait, cela éviterait nombre de guerre et d'émeutes. Après tout, une femme réfléchirait à deux fois avant de laisser son fils partir pour le champ de bataille. Il faut être une mère pour comprendre la douleur de celle qui perd un fils à la guerre. »

Si les femmes s'unissent, elles pourront amener beaucoup de changements souhaitables pour la société. Mais il faut que les hommes les encouragent à travailler avec eux. Les hommes et les femmes doivent se donner la main pour sauver du désastre la société et les générations à venir. C'est le point de vue d'Amma.

La situation actuelle, au contraire, ressemble à l'affrontement de deux camions lourdement chargés qui foncent l'un vers l'autre, sans qu'aucun des deux ne soit prêt à se ranger sur le bas-côté pour céder la place à l'autre.

En fonction des époques, des endroits et des cultures, hommes et femmes ont des attitudes, des approches, des activités différentes. Néanmoins, il y a toujours eu des femmes courageuses qui ont brisé leur cage et entrepris des actions révolutionnaires. Des princesses comme Rani Padmini, Hathi Rani, Mirabai et Jhansi Rani ont ainsi été des symboles de pureté et de courage.

Des joyaux de féminité ont aussi existé dans d'autres pays : Florence Nightingale, Jeanne d'Arc et Harriet Tubman en sont quelques exemples. Chaque fois que l'occasion s'est présentée, des femmes ont éclipsé les hommes dans tous les domaines. Elles ont la force et le talent nécessaires.

La force d'une femme est invincible. Si elle peut se libérer de la prison du mental et des émotions, elle prendra son essor vers les cieux de la liberté infinie.

Il était une fois un aiglon qui se trouva par hasard mélangé à une couvée de poulets. La poule l'éleva de la même manière que ses poussins. Comme eux, il grattait la terre à la recherche de vers pour se nourrir. L'aiglon se prenait pour un poussin et ignorait qu'il avait la capacité de voler et de s'élever dans le ciel. Un jour, un aigle adulte le remarqua au milieu des poussins. Il attendit qu'il soit seul pour le conduire près d'un lac. Là, il lui dit : « Mon enfant, ne sais-tu donc pas qui tu es ? Regarde-moi d'abord puis regarde ton reflet dans l'eau. Tu es un aigle comme moi, tu es capable de t'envoler vers le ciel, tu n'es pas rivé au sol comme les poulets. » Petit à petit, l'aiglon prit conscience de sa force et, sans tarder, il ouvrit les ailes et prit son envol.

Le vaste ciel appartient de droit à l'aiglon. Il en va de même pour la femme. Elle a la capacité de s'envoler vers les cieux de la force et de la liberté. Mais avant de jouir de cette liberté, il lui faut faire de grands efforts pour s'y préparer. C'est l'idée qu'elle est impuissante, limitée et faible qui l'inhibe. Qu'elle commence par éliminer cette idée fausse et un changement intérieur se produira spontanément. Elle ne doit cependant pas confondre la liberté du Soi avec la liberté individuelle.

Selon Amma, les femmes doivent toutefois s'abstenir de jeter la pierre aux hommes, comme elles ont tendance à le faire. Les hommes ont besoin du soutien physique et émotionnel des femmes. Il est généralement vrai qu'ils ne pensent pas grand bien des femmes. Ils ne sont cependant pas complètement à blâmer. Les traditions anciennes et l'éducation qu'ils ont reçue ont modelé leur façon de penser. Prenez l'exemple d'un Américain qui débarque en Inde. Si on lui demande de manger avec la main et de renoncer à la fourchette et au couteau, il se peut qu'il n'y arrive pas tout de suite. C'est la même chose pour la nature individuelle : on ne peut pas la transformer du jour au lendemain. S'attendre à ce que les hommes changent rapidement est déraisonnable. Ils sont inconscients du mental qui les mène. Si quelqu'un tombe aux pieds d'un éléphant, l'éléphant lève la patte, prêt à l'écraser. Même un bébé éléphant agira ainsi. C'est dire la puissance des instincts naturels emmagasinés en nous. Au lieu de blâmer les hommes, employons la patience et l'amour pour les faire changer.

Si l'on cherche à ouvrir de force un bouton de fleur, on ne fait qu'en gâcher irrémédiablement la beauté et le parfum. Il faut laisser la fleur s'épanouir à son rythme naturel. D'une manière analogue, si l'on condamne les hommes, si l'on exige d'eux un changement rapide en exerçant sur eux une pression, on ne fait qu'affecter la vie familiale et sociale des hommes comme des femmes. C'est pourquoi il faut que les hommes comprennent les tendances du mental féminin et réciproquement.

« Nous devons foncer » disent beaucoup de femmes. C'est vrai, les femmes doivent aller de l'avant, mais elles doivent aussi se retourner et prendre en compte les enfants qui les suivent. Elles ne doivent pas écarter leurs responsabilités de parent. Pour le bien d'un enfant, il faut que sa mère ait au moins un peu de patience. Il ne suffit pas qu'elle fasse une place à l'enfant dans son ventre, il faut également qu'elle lui fasse une place dans son cœur.

C'est des mères que dépendent l'intégrité, la beauté et le parfum de la société de demain. La mère est le premier maître de l'enfant. C'est donc elle qui exerce la plus grande influence sur lui. L'enfant s'imprègne des gestes de sa mère, quoi qu'elle fasse. Le lait maternel fait plus que nourrir le corps de l'enfant. Il contribue au développement de son cœur, de son mental et de son intellect. Parallèlement, les valeurs qu'une mère transmet à son enfant lui donnent du courage et de la force pour l'avenir. Etant donné que ce sont les femmes qui donnent naissance aux hommes et qui les élèvent, comment se fait-il qu'elles ne soient pas leurs égales ? L'avènement d'une ère d'amour, de compassion et de prospérité dépend de l'éveil des mères et de leurs efforts.

Il y a bien longtemps, une reine prête à accoucher convoqua l'astrologue de la cour pour qu'il lui prédise l'avenir de l'enfant : « Le moment le plus favorable pour la naissance ne viendra que dans quelques heures, dit-il. Si vous accouchez à cette heure précise, vous donnerez le jour à un garçon qui incarnera toutes les nobles qualités. Il fera le bonheur du peuple et du pays. » A ces mots, la reine se fit pendre par les pieds, la tête en bas, les mains au sol, une pendule à côté d'elle. Quand le moment fut venu, elle demanda à ses suivantes de la détacher et de la préparer pour l'accouchement qui eut lieu exactement à l'heure favorable. La reine mourut du traumatisme qu'elle s'était délibérément infligée pour le bien du royaume. Plus tard, quand son fils devint roi, il travailla sans relâche au bonheur du peuple et du pays. Il construisit des temples de toute beauté.

Le pays était prospère et ses habitants heureux, satisfaits et paisibles.

A notre époque, les gens ne pensent qu'à ce qu'ils peuvent obtenir. Il s'agit de changer cette façon de voir les choses et de se demander plutôt ce que l'on peut apporter à la société.

La force intérieure d'une femme s'écoule comme le flot d'une rivière. Si l'eau rencontre une montagne, elle la contourne. S'il y a un amas de rochers sur son passage, elle se faufile entre les cailloux. La force des femmes a cette même facilité à surmonter chacun des obstacles qu'elle rencontre pour atteindre son but. Il faut que les hommes soient prêts à reconnaître la force intérieure des femmes à sa juste valeur. Pour qu'il y ait un progrès social qui profite à tous, il faut qu'ils aient l'esprit ouvert, qu'ils acceptent et encouragent les femmes.

On peut comparer les hommes d'autrefois à des sentiers étroits, des voies à sens unique. Ceux d'aujourd'hui doivent devenir des autoroutes. Ils doivent, non seulement faciliter la progression des femmes, mais aussi leur laisser le passage. Si les hommes sont plus musclés et plus forts physiquement que les femmes, ils doivent utiliser cet avantage non pas pour les réprimer mais pour les soutenir. Les entreprises doivent discuter de la possibilité de confier autant de postes à responsabilité aux femmes qu'aux hommes. Rappelons-nous pourtant que l'égalité n'est pas une affaire de pouvoir ni de situation, mais un état d'esprit.

Hommes et femmes doivent accorder la même importance au cœur et à l'intellect. Ils doivent s'efforcer de concilier cœur et intellect dans leur travail et d'être des exemples les uns pour les autres. L'égalité et l'harmonie en découleront naturellement. L'égalité ne se situe pas au niveau de l'apparence extérieure. Une poule ne chante pas comme un coq. Et un coq ne pondra jamais d'œufs. Bien que différents physiquement, l'homme et la femme ont la même conscience. Dans le réfrigérateur, l'électricité se manifeste sous forme de froid, dans le radiateur sous forme de chaleur, dans l'ampoule sous forme de lumière. Une télévision n'a pas les capacités d'une ampoule et réciproquement. Le frigidaire et le radiateur n'ont pas davantage des caractéristiques identiques… Cependant c'est le même courant électrique qui circule dans chacun de ces appareils. C'est également la même conscience qui habite l'homme et la femme en dépit de leurs différences extérieures.

Tout a sa place dans l'univers, rien n'est dénué de sens. Il y a du sens et de la conscience dans chaque aspect de la création. Chaque chose a sa nature propre, certaines sont grandes, d'autres petites. Il est dans la nature du soleil d'émettre de la lumière, dans celle de l'océan de faire des vagues, dans celle du vent de nous rafraîchir. Il est dans la nature du daim d'être placide et dans celle du lion d'être cruel. Il en va de même pour l'homme et la femme ; ils ont chacun leur nature propre et différente de celle de l'autre. Il ne faut jamais perdre de vue cette notion.

Il y a des femmes qui cherchent à s'affirmer par rapport aux hommes en fumant et en buvant comme eux, en oubliant leur talent maternel. Non seulement c'est dangereux pour leur santé mais cela n'amènera aucun des changements escomptés.

L'homme n'est pas meilleur que la femme et inversement. En réalité, aucun être de la création n'est supérieur à un autre, c'est une vérité fondamentale. Si les hommes et les femmes n'accordent la suprématie qu'au Tout-Puissant, ils pourront devenir des instruments à son service. Cette attitude intérieure permettra l'avènement d'une réelle égalité.

Aujourd'hui nous assistons à un conflit entre le passé et l'avenir. La communauté masculine qui refuse le compromis est un emblème du passé.

S'ils veulent assister à l'éclosion d'un avenir beau et enrichissant, femmes et hommes doivent avancer main dans la main dans tous les domaines. Que ceux qui aspirent à la paix et à la satisfaction de tous dans le monde prennent cela en compte, tout de suite, dès maintenant. Nous aurons un avenir prometteur si les hommes et les femmes mettent leur mental et leur intellect en commun. On ne peut plus attendre. Plus on attend, plus la situation mondiale s'aggrave.

Ensemble et unis, les hommes et les femmes peuvent réussir à gouverner sainement. Mais cela exige une compréhension mutuelle et un dialogue à cœur ouvert. Un venin de serpent peut donner la mort mais transformé en remède, il peut sauver une vie. Si, de même, nous convertissons nos pensées négatives en compétences, nous pouvons encore sauver la société. Seul l'amour peut transformer le venin des pensées négatives en nectar.

L'amour est une émotion commune à tous les êtres vivants. L'amour est le chemin que doit emprunter la femme pour rejoindre l'homme, l'homme la femme, chacun d'eux la nature, et la nature l'univers. Et l'amour qui déborde au-delà de toutes les frontières c'est *vishwa matrutvam*, l'amour maternel universel.

La plus belle fleur qui puisse éclore sur terre, c'est l'amour. La fleur riche en couleurs et en parfum qui pousse sur une petite plante éclot naturellement. Il en va de même pour l'amour qui germe dans le coeur humain, fleurit et se déploie. L'homme et la femme doivent tous deux autoriser cette éclosion de l'amour dans leur coeur.

Il n'y a rien de plus profond, de plus puissant, de plus beau, que l'amour qui unit deux coeurs. L'amour a le don de rafraîchir l'esprit comme la pleine lune et de rayonner comme le soleil. Mais il n'entre pas dans un coeur sans permission. Il attend que l'homme et la femme l'invitent à pénétrer. Il n'y a que l'amour qui puisse amener un changement définitif dans les mentalités et donc dans la manière d'être homme ou femme.

Si deux époux cherchent à se comprendre mutuellement, ils vont se rapprocher l'un de l'autre. Et ainsi, les problèmes de la société diminueront, tout au moins en partie. De nos jours, à seule fin d'abuser les autres, certains proclament : « Ma femme et moi, nous nous aimons et nous avons confiance l'un en l'autre. » C'est du faux-semblant. L'amour ne s'imagine pas, il ne se contrefait pas, il se vit. Il est la vie même.

Faire semblant revient à porter un masque. Peu importe qui le revêt, il doit un jour le quitter, sinon le temps se chargera de le faire tomber. En fonction de la longueur du rôle que nous jouons, nous retirons le masque plus ou moins vite, c'est tout.

Comment l'amour, qui est la nature même de l'être humain et son devoir, a-t-il pu devenir un masque ? C'est à force d'agir sans humilité et de refuser le compromis qu'on se dénigre soi-même et que l'amour devient factice. Par exemple, croyez-vous que le simple fait de rester debout sur la rive d'un fleuve et de le regarder puisse étancher votre soif ? Si vous voulez vous désaltérer, il faut vous baisser au niveau de l'eau et boire. A quoi servirait-il de rester debout et de maudire la rivière ? Il est tout aussi facile d'étancher notre soif d'amour et de boire son eau cristalline. Il suffit de lâcher prise.

Les hommes et les femmes d'aujourd'hui se comportent dans leurs relations comme des agents de la police secrète. Tout ce qu'ils voient et entendent déclenche des soupçons. Les doutes qu'ils nourrissent deviennent une véritable maladie qui nuit à leur santé, écourte leur vie. Les couples atteints de ce mal perdent toute capacité à écouter avec empathie leurs problèmes mutuels.

Cependant, bien que la plupart des relations soient douloureuses, l'amour n'a pas disparu du globe. Si l'amour disparaissait, l'univers disparaîtrait avec lui. L'amour est en chacun de nous, semblable à une braise qui ne s'éteint jamais. Il suffit de souffler dessus pour que les flammes s'élèvent.

Nous assistons à l'extinction d'un nombre croissant d'espèces animales. Allons-nous aussi laisser l'amour s'éteindre du coeur humain ? Pour empêcher l'extinction de l'amour, il faut que les humains se tournent vers le divin avec respect, dévotion, et foi. La puissance divine n'est pas extérieure à nous mais pour la découvrir à l'intérieur, il faut changer de perspective. Prenons l'exemple d'un livre. Quand nous lisons, nous nous concentrons uniquement sur les mots et non sur le papier sur lesquels ils sont imprimés. Le papier n'est qu'un substrat qui permet de voir clairement les mots.

Faites l'expérience suivante. Recouvrez une grande planche de papier blanc et dessinez-y un point noir au centre. Demandez ensuite aux personnes présentes ce qu'elles voient. La plupart répondront vraisemblablement qu'elles voient un point noir. Rares seront ceux qui verront un petit point noir au milieu d'une grande feuille de papier blanc.

Telle est la vision de l'humanité d'aujourd'hui. Commençons par reconnaître en l'amour le noyau central de l'existence. Evidemment, pour lire, il faut être capable de voir les lettres, mais il faut également reconnaître la valeur du papier qui leur sert de substrat. Aujourd'hui, au lieu de regarder l'extérieur à partir de l'intérieur, nous faisons l'inverse. C'est pourquoi nous ne voyons rien clairement.

Dans la vie profane, hommes et femmes ont des besoins et des droits spécifiques tandis qu'ils se battent pour gagner de l'argent, une situation, du pouvoir et leur liberté. Ils font des efforts acharnés dans ce but et y consacrent beaucoup de temps et d'énergie. Ils devraient souffler cinq minutes et se rappeler dans un petit coin de leur mental que sans amour, rien ne leur donnera une réelle satisfaction. Ni argent, ni situation, ni célébrité, rien ne les rendra réellement heureux. Le mental, l'intellect et le corps doivent être fermement enracinés dans l'amour pur qui est le noyau de l'existence. Il est essentiel d'effectuer son travail à partir de ce centre d'amour. On s'aperçoit alors que les différences entre l'homme et la femme ne portent que sur l'aspect extérieur et qu'en essence, ils sont un.

Jaipur est un lieu idéal pour cette rencontre. Cette terre a été témoin d'une noble culture. Des princesses d'un courage peu commun et détachées du monde sont nées et ont vécu ici. Grâce à la pureté de leur mental et à la puissance de leurs sacrifices, elles ont poursuivi un idéal très élevé toute leur vie. La clarté du mental et le courage sont des qualités nécessaires aux femmes quelque soit l'époque et l'endroit où elles vivent. Quand ces qualités deviennent pour une femme aussi précieuses que l'air qu'elle respire, la société la met sur un piédestal et elle reçoit spontanément le nom, la célébrité, la situation, l'adoration qu'elle mérite.

En fait, la pureté du mental est le fondement du courage et à la source de cette pureté se trouve l'amour. Seul l'amour peut libérer les hommes et les femmes de leur prison obscure et les conduire vers la lumière de la vérité. L'amour et la liberté sont interdépendants. L'amour ne peut naître que dans un cœur libéré des pensées du passé. Le mental ne peut être libre que s'il y a de l'amour à l'intérieur. Celui dont le mental est libéré est totalement libre.

Pour connaître la liberté, l'égalité, le bonheur, les êtres humains doivent s'aimer les uns les autres ou bien aimer la nature. Sinon, il leur faut pratiquer avec acharnement pour faire l'expérience du Soi intérieur. Mais il est beaucoup trop tard pour cela. Au point où en est l'humanité, tout délai représente un grave danger.

De nombreuses femmes viennent voir Amma en pleurant et lui posent cette question : « Pourquoi Dieu m'a-t-il faite femme ? » Quand Amma leur demande de s'expliquer, elles répondent que les hommes les harcèlent physiquement et moralement, qu'ils leur parlent avec condescendance et qu'elles éprouvent du dégoût pour elles-mêmes. Elles ont le sentiment qu'être une femme est une malédiction et qu'il est préférable d'être un homme à tout point de vue.

Ecrasées par ce complexe d'infériorité, elles n'ont plus la force de tenir tête à autrui. Ce sont peut-être ces pensées et ces expériences qui conduisent les femmes à commettre des infanticides sur les petites filles. Elles redoutent pour elles un sort aussi cruel que le leur.

Bien que la dot soit illégale depuis longtemps, les sommes versées au moment des mariages sont toujours aussi importantes.

Comment en finir avec cette coutume de la dot qui renforce l'idée que la femme a moins de valeur que l'homme et qu'il y a quelque chose de défectueux en elle ? Comment les familles pauvres, qui ont à peine de quoi se nourrir, peuvent-elles espérer réunir assez d'argent pour doter leurs filles ? C'est parfois la seule raison qui pousse une femme à tuer sa fille à la naissance.

Franchement, en Inde, en cas de divorce, la loi défavorise les femmes. Quand le couple passe enfin au tribunal, c'est la guerre. Divorcer prend des années, encore aujourd'hui. Et au bout du compte, les femmes obtiennent rarement plus de 4 à 500 roupies par mois de pension alimentaire. Après avoir divorcé, celles qui ont des enfants sont obligées de les entretenir toutes seules. La somme dérisoire qu'on leur a octroyée suffit à peine à les nourrir pendant une semaine. Si bien que certaines femmes n'ont pas d'autre choix que la prostitution. Amma a de ses mains essuyé les larmes de femmes qui menaient une double vie : alternant une semaine dans leur famille et une semaine dans une maison de passe. D'autres femmes essaient de travailler comme servantes. Mais les employeurs leur font souvent subir des outrages innommables. Ils se jettent sur elles comme des vautours pour se repaître de leur corps sans défense. Elles finissent par se tourner, elles aussi, vers la prostitution. Les filles suivent les traces de leurs mères et viennent vivre très jeunes dans les maisons closes. La patronne les oblige à enfanter rapidement pour pouvoir les garder en otage en les menaçant de ne jamais leur rendre leur enfant si elles partent. Elles sont donc obligées de continuer.

En Occident, les prostituées sont mieux informées des risques de leur métier et prennent les précautions nécessaires. Mais en Inde, elles sont victimes de multiples maladies sexuellement transmissibles qui transforment leur vie en enfer. Ce cercle infernal commence avec le manque de respect de l'homme envers la femme et le sentiment d'infériorité qui en découle.

Un autre problème contemporain est l'augmentation du nombre des viols. Certains disent que cela est dû aux vêtements provocants que portent les femmes dans le monde moderne. Mais ce n'est pas tout à fait vrai, car autrefois, il y avait, dans certaines catégories sociales des femmes qui ne portaient pas de corsage. Elles se couvraient d'une simple étoffe. On les voyait rarement porter un châle. Cependant, à cette époque on n'entendait pas souvent parler de viols. Pourquoi ? Parce que les gens étaient très influencés par les valeurs spirituelles qui tenaient une place importante dans la vie de tous les jours et qu'ils étaient conscients de leur *dharma,* code de conduite qui respecte et prend en compte l'humanité dans son ensemble.

Si l'on respecte les limitations de vitesses, c'est grâce aux feux rouges et aux radars. On sait qu'on risque de perdre son permis de conduire si l'on commet trop d'excès de vitesse.

De la même façon, autrefois, même un homme affamé ne volait pas, car il avait une morale enracinée en lui. Même quand les hommes étaient attirés par une femme, ils se contrôlaient. Ils connaissaient leur *dharma* et avaient peur de s'y dérober. Cela les maintenait dans le droit chemin.

Les progrès technologiques en matière d'information sont bénéfiques pour la société en général, mais il y a des personnes qui utilisent internet ou regardent la télévision sans discernement. Ces media véhiculent une incitation au viol et à la violence et tout le monde peut accéder à des sites immoraux qui ne font que stimuler l'instinct bestial des spectateurs. Beaucoup des états du Golfe ont pris des mesures pour bloquer l'accès à ces sites. L'Inde devrait faire de même. « Tout le monde est libre ! » « C'est à moi de décider ! » « Cela fait partie de l'éducation moderne, » affirment certaines personnes. Mais si nous plions devant ces arguments et si nous nous abstenons de prendre les mesures qui s'imposent, les générations futures courent à leur perte et nous aurons leur sang sur les mains.

Dans la vie, il ne suffit pas de pratiquer *artha* et *kama*, gagner de l'argent et satisfaire ses désirs. Il faut également et avant tout être conscient de son *dharma*, de ce qui est juste moralement.

Pour conclure, Amma voudrait faire quelques suggestions qui permettraient, à son sens, de soulager la souffrance des femmes d'aujourd'hui.

1- L'infanticide de filles est illégal mais la loi qui l'interdit n'est pas appliquée. Le gouvernement doit prendre des mesures pour que chaque personne coupable d'infanticide soit traduite en justice.

2- Les femmes qui ont un savoir-faire, celles qui ont fait des études, celles qui ont de l'argent devraient aider les femmes qui n'ont pas eu accès à l'enseignement et qui sont démunies financièrement. Il s'agirait toutefois d'insister sur la culture et les valeurs et d'éviter de remettre en question les croyances et la foi des gens de la campagne.

3- Pour qu'il y ait égalité entre les hommes et les femmes, il est urgent que les femmes aient une indépendance financière et donc qu'elles fassent des études. Il faut que les parents s'engagent à veiller à ce que leurs filles soient scolarisées le plus longtemps possible pour leur permettre d'être autonomes. L'âge n'est pas un obstacle aux études. Les femmes devraient mettre en commun leur créativité et leurs efforts pour éduquer les femmes illettrées.

4- Le gouvernement devrait constituer une épargne pour chaque petite fille depuis le jour de sa naissance. Les filles auraient ainsi un pécule au moment de se marier et cela permettrait d'éviter bien des infanticides de filles.

5- Il serait bon de multiplier les institutions qui recueillent les petites filles abandonnées à la naissance. Il en existe une qui s'appelle « Dans les bras de la Mère ». Il faut faire connaître l'existence de ces institutions le plus largement possible.

6- Les femmes devraient pouvoir se déplacer sans crainte la nuit, même quand elles sont seules. C'est aux hommes de faire des efforts sincères pour que ce vœu devienne réalité.

7- Le mot qui veut dire « dot » en sanscrit est *stri dhanam*. *Stri* signifie femme et *dhanam* richesse. Les hommes qui lorgnent avec avidité sur la dot de leur future femme devraient prendre conscience que *stri* est *dhanam*, que leur femme *est* richesse. La vraie richesse que l'homme reçoit en se mariant, c'est sa femme.

8- Aussi importantes que l'enseignement pour les filles, sont les campagnes d'informations auprès des garçons. Ceux-ci doivent comprendre, réellement et quand ils sont encore jeunes, que la femme n'est pas une marchandise ni un ballon que l'homme peut bousculer du pied, mais une mère et qu'elle est digne de respect et de vénération.

9- En Inde le taux de divorces est en augmentation. En Occident, quand un couple divorce, l'homme doit verser une pension alimentaire à son ex-femme jusqu'à ce que celle-ci se remarie. En Inde, cette mesure n'a pas cours. Il faudrait l'instaurer.

10- Les femmes doivent aussi s'efforcer d'inciter les hommes à rechercher l'égalité hommes-femmes.

11- La société masculine a réussi, jusqu'à un certain point, à promouvoir l'idée fallacieuse que « les femmes sont dépourvues de courage et de force. » Il est temps de prouver que c'est faux, mais sans mettre quiconque au défi ni entrer en compétition avec les hommes. Du fait de son amour maternel inné qui n'a peur de rien, pas même de la mort, du fait de sa confiance inébranlable en elle-même qui la prépare à donner le jour à un être vivant, la femme démontre chaque jour qu'elle est forte et qu'elle est un modèle de courage.

Si vous dites à une personne titulaire d'un doctorat qu'elle n'est pas docteur, cela va-t-il invalider son diplôme ? Certes non. De la même manière, la femme peut d'ores et déjà jouer un rôle brillant dans la société. Elle a tout ce qu'il faut pour cela, elle n'a pas de tare, rien ne lui manque dans aucun domaine. Quand les hommes cherchent à dénigrer les femmes, elles ne doivent pas s'effondrer ni jamais croire qu'elles sont inférieures aux hommes. Ce sont les femmes qui ont enfanté chacun des hommes de la planète. Soyez fières de cette chance qui est la vôtre et avancez dans la vie en faisant confiance à votre énergie intérieure. Ne vous prenez jamais pour de frêles petites brebis, soyez des lionnes.

Les yeux et les oreilles des êtres humains, saturés d'égoïsme, sont toujours ouverts. En revanche, l'œil intérieur censé voir la souffrance d'autrui et l'oreille intérieure censée écouter avec compassion la détresse d'autrui, eux, restent clos. Amma souhaite du fond du cœur que cette situation pathétique se transforme rapidement. Puissions-nous écouter les problèmes de ceux qui souffrent, y être sensibles et y répondre. Puisse chacun prier pour le bonheur et la paix d'autrui. Amma adresse cette prière au Paramatman, le Soi suprême.